IL NEUROAFFETTIVO
UN LIBRO ILLUSTRATO

Marianne Bentzen

IL NEUROAFFETTIVO
UN LIBRO ILLUSTRATO

Illustrazioni di Kim Hagen e Jakob Worre Foged

NAP Books

Originariamente pubblicato in Danese da Hans Reitzels Forlag, Copenhagen.
Copyright 2014, Marianne Bentzen.
Layout di Louise Glargaard Perlmutter

Traduzione dal danese originale in inglese di Susan Scharwiess e Dorte Herholdt Silver.

Traduzione dall'inglese in italiano a cura di Progetto Somamente Italia.

ISBN 978-1-78222-569-0

Book production management by Into Print
www.intoprint.net
+44 (0) 1604 832149

Stampato e rilegato in UK e USA da Lighting Source

Indice

Introduzione

Perchè pubblicare un *libro illustrato* sulla teoria dello sviluppo e il cervello?

I neuroscienziati stimano che la maggior parte della nostra coscienza e delle nostre interazioni con gli altri sia non-verbale, mentre paradossalmente la maggior parte dell'insegnamento e degli approcci psicoterapeutici è principalmente verbale. Questa è la motivazione che mi ha portato a presentare questo tipo di descrizione dello sviluppo di base della personalità, che si rivolge sia alla nostra esperienza non verbale che alla nostra conoscenza verbale.

In un processo ottimale di sviluppo della personalità, i processi del sé fisico, emozionale e non-verbale sono supportati dal linguaggio parlato e a loro volta lo permeano. Sfortunatamente, per molti di noi, la nostra coscienza verbale non è più in contatto con le nostre dimensioni non-verbali in aree essenziali della nostra vita.

Questo intreccio profondo tra i regni non verbali e verbali della coscienza e dell'interazione è alla base dei concetti fondamentali dello sviluppo neuroaffettivo della personalità, trattati da me e dalla psicologa Susan Hart in una serie di libri e articoli pubblicati nella nostra lingua nativa, il Danese. Purtroppo, in Inglese possiamo offrire un numero più limitato di risorse, ma chi è interessato alla teoria e alla ricerca da cui abbiamo attinto le nostre informazioni, alla fine del libro troverà un elenco di pubblicazioni consultabili. Ho omesso i riferimenti, ma le risorse che potete trovare nell'ultima pagina elencano una serie di libri in Inglese che descrivono la teoria neuroaffettiva e i suoi modelli, e anche la ricerca su cui si basa.

La curiosità e il gioco sono un aspetto centrale dell'apprendimento, quindi spero che le spensierate e divertenti illustrazioni di Kim Hagen e Jakob Worre Foged vi aiutino a ristabilire alcune connessioni perdute tra la vostra coscienza verbale e non verbale.

Buon divertimento!

Luglio 2015
Marianne Bentzen

CAPITOLO 1

Cervello, interazione e sviluppo della personalità

Molte persone credono che il cervello ci serva principalmente per *pensare e prendere decisioni razionali*. Ecco perché molti metodi sviluppati nel ventesimo secolo per l'apprendimento e la risoluzione dei problemi non sono altro che tentativi di farci diventare sempre più razionali. Tuttavia, dopo aver studiato persone con danni cerebrali che avevano perso la connessione tra il pensiero razionale e il comportamento, i neuroscienziati si sono resi conto che lo stesso tipo di disconnessione potrebbe presentarsi anche in persone con un funzionamento cerebrale normale.

I neuroscienziati si sono resi conto che usiamo costantemente il cervello per *sentire sensazioni* e *emozioni*. Hanno compreso che, se ci manca una forte connessione con le nostre emozioni e sensazioni del corpo, è compromessa anche la nostra capacità di pensare con chiarezza, agire in modo ragionevole e mantenere buone relazioni personali.

Una persona potrebbe facilmente fare scelte sensibili e razionali *per gli altri*, ad esempio consigliare ad un amico di fare attenzione a non perdere tutti i soldi in un casinò , e contemporaneamente perdere al gioco tutti i propri soldi.

Fin dal giorno in cui nasciamo, impariamo a sentire sensazioni e emozioni attraverso le nostre esperienze di contatto, imitazione e accudimento. Questi scambi emozionali con altri esseri umani sono la base dello sviluppo della nostra personalità, in un processo di maturazione interattivo detto *sviluppo neuroaffettivo*, che è l'argomento di questo libro.

La maturazione emozionale è un processo di apprendimento, e la capacità di condividere con gli altri tramite movimenti corporei ed emozioni è qualcosa che dobbiamo apprendere, proprio come dobbiamo imparare a parlare. In effetti, è una specie di 'linguaggio' pre-verbale.

La capacità di comunicare con gli altri tramite espressioni facciali, movimenti corporei ed emozioni è una specie di "linguaggio pre-linguaggio".

Ognuno di noi nasce con la capacità di imparare a parlare, anche se quando nasciamo non siamo in grado di parlare o comprendere le parole che udiamo. Nasciamo anche con la capacità di riconoscere la differenza tra stati interiori piacevoli e spiacevoli, sentire un senso di appartenenza, ricevere accudimento e amore e offrirlo agli altri, e comprendere come si sentono le altre persone. Abbiamo la capacità di sviluppare tutte queste abilità, ma il solo modo in cui possiamo apprendere il "linguaggio pre-linguaggio" è quello di "parlarlo" con altre persone.

Proprio come non nasciamo con una serie di emozioni e pensieri già pre-costituiti, allo stesso modo non nasciamo nemmeno con competenze linguistiche già precostituite.

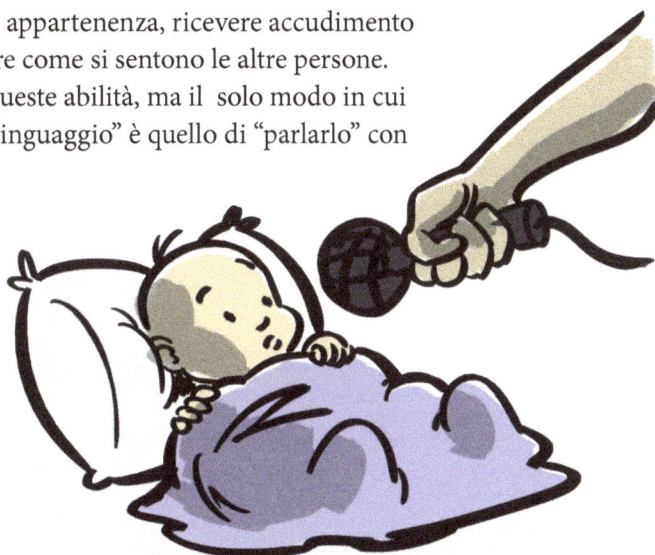

CAPITOLO 2
La zona di sviluppo prossimale

Quindi come facciamo ad apprendere questo linguaggio pre-linguaggio? In realtà, come facciamo ad apprendere qualunque cosa che sia completamente nuova per noi? Lo psicologo infantile russo Lev Vygotsky ha notato che l'apprendimento avviene in modo naturale quando siamo all'interno di quella che lui ha chiamato *la zona di sviluppo prossimale*. Sia i bambini che gli adulti possono apprendere bene solo nella propria zona di sviluppo prossimale, cioè l'area che definisce le attività in cui sperimentano sia divertimento che sfida, e anche un po' di successo.

La zona di sviluppo prossimale è l'estensione di tutte le cose che abbiamo già appreso e che sappiamo fare.

Vygotsky distingue questa zona dalla zona di ciò che già conosciamo e padroneggiamo. La zona di padronanza ci offre sicurezza, ma può anche diventare noiosa perchè non presenta più sfide. Man mano ci sviluppiamo, accumuliamo un numero sempre maggiore di abilità nella nostra zona di padronanza. Quello che pratichiamo oggi nella nostra zona di sviluppo, diventerà un'abilità della nostra zona di padronanza domani, o forse tra un mese, o forse tra dieci anni. Ma, durante il nostro processo di apprendimento, incontreremo anche sfide e compiti semplicemente troppo difficili per il nostro livello di apprendimento del momento.

I bebè non possono imparare a leggere. Un adulto che impara ad andare in bicicletta per la prima volta nella sua vita, non dovrebbe programmare di fare una gita in montagna con la mountain bike la settimana dopo

Le tre zone di Vygotsky

Zona di padronanza	Zona di sviluppo prossimale	Fuori dalla possibilità di padronanza

I progetti che per noi sono troppo difficili da apprendere sono *fuori dalla nostra zona di sviluppo prossimale*. È facile comprenderlo se parliamo di leggere o andare in bicicletta, ma ci dimentichiamo facilmente che accade proprio la stessa cosa nello sviluppo neuroaffettivo. Se ce ne dimentichiamo, potremmo trovarci a dare agli altri consigli inappropriati, come ad esempio suggerire a qualcuno che sta imparando ad andare in bicicletta di prendere una mountain bike e provarla su una bella salita ripida di montagna. "Non lasciare che queste piccolezze ti sconvolgano", diciamo a un collega stressato. "Sorseggia piano piano il tuo bicchiere di vino e assaporane la fragranza", incoraggiamo così un amico che ci ha appena confidato che beve troppo.

Quando un compito è troppo difficile e porta al fallimento, spesso ci arrendiamo e ritorniamo nella nostra zona di padronanza, sicura, familiare e noiosa. Collassiamo sul nostro divano mentale così accogliente. A volte spingerci troppo ci fa più male che bene.

Al sicuro sul divano mentale, non raccogliamo più le sfide e non impariamo nulla di nuovo.

In termini di maturazione psicologica, tendiamo a volere troppo e troppo velocemente. Vogliamo riuscire a *pensare* con chiarezza – e che lo facciano anche gli altri – molto prima di aver imparato a *sentire* con chiarezza. Ma, nello sviluppo emotivo, ci sono dei passaggi che non possiamo sorvolare o tralasciare, e la ricerca ha dimostrato che per maturare non possiamo mai fare a meno delle abilità più precoci e basilari come l'imitazione e la risonanza emotiva. Sono le fondamenta della comunicazione pre-verbale, del 'linguaggio pre-linguaggio' che tutti noi parliamo quotidianamente. I bambini piccoli imparano a parlare quando noi chiacchieriamo o parliamo in "linguaggio da neonato" con loro - mentre siamo in contatto con i loro occhi, fanno del loro meglio per copiarci così come noi facciamo del nostro meglio per copiare loro.

La sincronia e la risonanza emotiva accadono quando ci imitiamo a vicenda, il più possibile in uno scambio giocoso e divertente. La maturazione psicologica non è una sfacchinata!

CAPITOLO 3
L'evoluzione e la maturazione del cervello trino

Il Professore Paul MacLean si dedicò allo studio e alla ricerca sul cervello per più di 50 anni e sviluppò un modello del cervello umano che collega la nostra coscienza umana e le nostre abilità al resto del mondo animale. Secondo MacLean, l'evoluzione ha continuato a riorganizzare i nostri cervelli per 400 milioni di anni e lo sta ancora facendo. Nel suo modello, il cervello umano è organizzato in tre grandi livelli evolutivi. Il primo livello corrisponde alle funzioni del cervello rettile, il secondo corrisponde al cervello dei mammiferi come gatti e cavalli, mentre l'ultimo e più recente è simile alle strutture cerebrali dei mammiferi superiori come i grandi primati. Nel cervello umano adulto, i livelli sono interconnessi da centinaia di milioni di cellule nervose.

Il vecchio cervello mammifero

Il nuovo cervello mammifero

Il cervello rettile

Al momento della nostra nascita, è attivo e connesso ai circuiti neurali solo il 25 % del nostro cervello, principalmente a livello cerebrale rettile. Il resto matura attraverso le nostre interazioni con le persone attorno a noi. Questo significa che ogni cervello individuale apprende cose diverse, anche se tutti i cervelli umani maturano con la stessa sequenza generale. Approssimativamente all'età di tre mesi, il *livello rettile* è pienamente attivo e in funzione, ed è composto dal sistema nervoso autonomo, il tronco encefalico e la corteccia parietale, che assieme regolano l'energia vitale di base e le sensazioni corporee. Approssimativamente all'età di 8 mesi, il *vecchio cervello mammifero* è pienamente in funzione. Questa parte contiene il sistema limbico e la corteccia temporale, che è l'area che gestisce le interazioni, le esperienze e le aspettative a livello emozionale. *Il nuovo cervello mammifero o dei primati* inizia ad attivarsi approssimativamente all'età di 9 mesi, quando inizia a maturare la grande corteccia prefrontale umana, l'area del controllo conscio degli impulsi sara pienamente sviluppato solo dopo circa vent'anni, all'inizio dell'età adulta. In uno sviluppo normale, queste tre grandi aree cerebrali e i loro 'programmi' svilupperanno un'integrazione ben sintonizzata durante i primi venti o trent'anni della vita, e la corteccia prefrontale svilupperà la capacità di *mentalizzare*. La mentalizzazione comprende la capacità di sentire quello che sentono gli altri e di vedere se stessi con un'obiettività amichevole: "vedere se stessi dall'esterno e gli altri dall'interno".

Passiamo ora ad una breve descrizione dello sviluppo del cervello e della personalità, e del cervello trino. I prossimi capitoli presentano un modello che ho sviluppato assieme alla psicologa Susan Hart nel 2010-12: il modello delle bussole neuroaffettive. Questo modello offre una mappa più dettagliata dello sviluppo cerebrale e può essere d'aiuto per individuare la zona di sviluppo prossimale sia negli adulti che nei bambini. Ogni livello del cervello trino (ogni livello neuroaffettivo) è associato ad una specifica bussola neuroaffettiva. Ogni bussola descrive i processi mentali più importanti di quel livello.

Le Bussole Neuroaffettive

In ognuno dei tre capitoli successivi esamineremo uno dei livelli del cervello trino, nell'ordine in cui si sviluppano:

1. Il livello sensoriale autonomo, con la gestione energetica di base e le sensazioni corporee.
2. Il livello emozionale limbico, con le aspettative d'interazione emozionale.
3. Il livello della mentalizzazione prefrontale, con gli schemi di controllo mentale e la mentalizzazione (cioè il pensare agli stati mentali ed emotivi propri e altrui).

In ogni capitolo, esamineremo brevemente sia le competenze equilibrate di un livello neuroaffettivo sia gli schemi di stress che si sviluppano quando siamo spinti oltre i nostri limiti. Quindi organizziamo tutte queste esperienze nella bussola neuroaffettiva di quel livello, e terminiamo con alcune domande che possono aiutarci ad individuare quegli schemi in noi stessi e negli altri.

La Bussola Prefrontale
Schemi di controllo mentale
e mentalizzazione

La Bussola Limbica
Aspettative d'interazione
emozionale

La Bussola Autonoma
Gestione energetica e
sensazioni corporee

CAPITOLO 4
Il Cervello Rettile – il Sistema Nervoso Autonomo

Noi umani abbiamo in comune con i rettili, ad es. serpenti e lucertole, molti impulsi e molte funzioni vitali di base. I ritmi biologici come la respirazione, la digestione e i ritmi circadiani sono organizzati a livello rettile. Alcuni altri impulsi e pulsioni del cervello rettile adulto sono:

L'impulso alla ricerca, in cui i sensi e la curiosità ci spingono a cercare cibo…

o forse a cercare un partner sessuale.

Anche l'impulso alla lotta
è attivato dal cervello rettile …

… come pure l'impulso
a sottometterci …

e l'impulso a fuggire …

... e anche una risposta di collasso o "congelamento", che potrebbe essere più o meno intensa.

Una risposta allo stress un po' più moderna dal punto di vista evolutivo è attivata dalla dipendenza. Se dipendiamo da qualcun altro per la nostra sopravvivenza, l'abuso e la trascuratezza potrebbero attivare una risposta di sopravvivenza del tipo "tend-and-befriend", in cui ci "aggrappiamo disperatamente" all'abusatore. Ci fondiamo con l'aggressore e cerchiamo di anticiparne ogni desiderio. Questa risposta di sopravvivenza può venire attivata da una esperienza "senza via di scampo"

Tuttavia, abbiamo in comune con i rettili anche i nostri ritmi diurni – i cicli del bisogno di riposo, sicurezza, nutrimento e azione che intrecciano le attività delle nostre vite con i ritmi dell'ambiente.

Maturazione del cervello rettile: l'area sensoriale autonoma

Sperimentiamo processi e segnali provenienti dal *sistema nervoso autonomo* (SNA), dal *tronco encefalico* e dal *mesencefalo* come *sensazioni corporee, spostamenti di attenzione* e *impulsi al movimento*.

L'abilità di *essere consapevoli* di tutti questi segnali corporei e l'abilità di spostare la nostra attenzione tra esperienza interna e esperienza esterna si sviluppano nella *corteccia parietale*, nella parte posteriore della testa. Assieme, queste aree organizzano la *regolazione autonoma* e *l'esperienza sensoriale*. Negli anni 80, il Dr. Harry Chugani scoprì dalle scansioni cerebrali che queste aree del cervello iniziano a funzionare nei primi tre mesi di vita. In quel periodo, i bambini sviluppano le abilità di interazione autonoma con i genitori che poi utilizzeranno per il resto della vita. Dividiamo qui sotto questo processo in tre fasi di maturazione.

La prima fase: Il nostro sistema nervoso autonomo matura quando riceviamo dagli altri l'aiuto per regolare "la nostra" attivazione. Un neonato impara che la madre arriva con il cibo quando ha fame e lo culla per farlo addormentare quando è stanco. Impara che la madre ed il padre sono molto silenziosi e tranquilli quando gli danno da mangiare o gli cambiano il pannolino di notte, ma che di giorno lo incoraggiano a giocare. Tramite questi scambi, impariamo che le giornate hanno degli schemi, e che possiamo aspettarci che i nostri bisogni siano soddisfatti.

Sperimentare ritmi d'interazione sicuri e prevedibili è il primo passo per apprendere come essere flessibili senza diventare caotici.

La seconda fase: L'attenzione reciproca e l'imitiazione sono le forme più basilari dell'interazione umana. Solo dopo che gli adulti hanno catturato e mantenuto l'attenzione e l'interesse del bambino molte volte, lui potrà imparare a focalizzare e mantenere da solo la propria attenzione.

L'imitazione richiede attenzione, e tramite l'imitazione il bambino sviluppa gradualmente la capacità di connettere le "sensazioni viscerali" con le espressioni facciali.

La terza fase: La sincronizzazione ritmica crea il ritmo di danza che guida tutte le interazioni umane. Sin dalla nascita, il neonato ricerca e si focalizza sulle reazioni completamente prevedibili e sincronizzate degli altri, ed è anche capace di riconoscere ed esprimere con chiarezza quello che gli piace e quello che non gli piace.

Il neonato si focalizza sulle reazioni completamente prevedibili e sincronizzate degli altri.

Navigazione e sviluppo con la bussola autonoma

Per offrire una descrizione generale dei processi autonomi, Susan Hart ed io li abbiamo organizzati in una bussola che abbiamo chiamato la *bussola sensoriale autonoma*. L'asse verticale esprime il grado di attivazione, o *"arousal"* (il livello di energia), in cui i poli indicano *attività* o *passività*, cioè quando il livello di energia 'va in su' o quando 'va in giù'. L'asse orizzontale esprime il tono edonistico, in cui i poli opposti indicano il *piacevole* e lo *spiacevole*. Riflette il grado di ciò che *ci piace* o *non ci piace* come sensazione corporea.

Gli assi della bussola autonoma

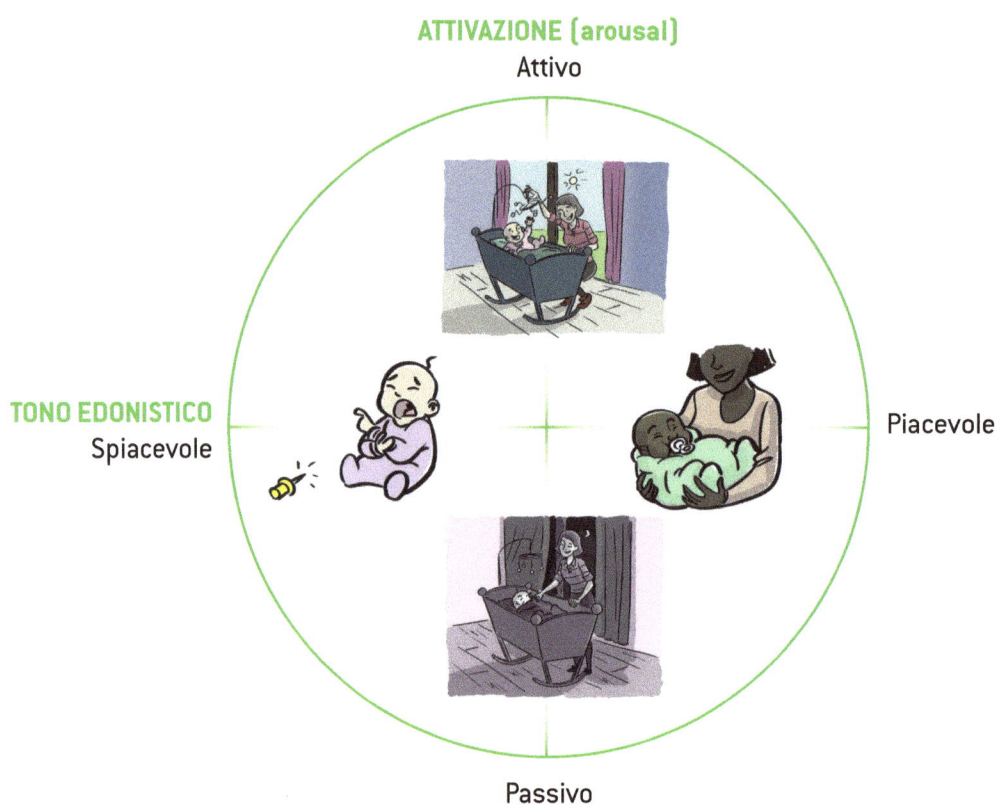

La bussola ha quattro quadranti, ognuno dei quali con le sue specifiche esperienze e risposte. L'*Attività* può essere sperimentata come *piacevole* o *spiacevole*, proprio come la *passività* può essere a sua volta *piacevole* o *spiacevole*. I quattro quadranti autonomi descrivono le nostre risposte di base a tutte le sensazioni e interazioni. Quando il livello autonomo è ben sviluppato, l'organismo ha dimestichezza con molte gradazioni di questi quattro stati ed è capace di spostarsi da uno all'altro con relativa facilità.

Il cerchio interno della bussola nel disegno della pagina successiva illustra gli stati piacevoli e spiacevoli più comuni che sono familiari alla maggioranza delle persone, dalla prima infanzia per tutta la vita. Tuttavia, lo stress e il trauma possono disturbare il sistema e danneggiare la nostra capacità di mantenere l'equilibrio. Alcuni adulti e bambini potrebbero addirittura non aver avuto la possibilità di sviluppare questi schemi di risposta quotidiani. Di conseguenza, potrebbero restare a lungo bloccati negli schemi di stress descritti nei quattro angoli dell'illustrazione qui sotto. Si potrebbe dire che sono "usciti dalla bussola" e devono acquisire per la prima volta, o recuperare, gli stati sani interni alla bussola.

Qui sotto c'è una descrizione verbale dei diversi schemi di risposta, mentre l'illustrazione della pagina successiva presenta gli schemi principali sotto forma d'immagini.

Asse di regolazione dell'attivazione (arousal)

Attivo

lotta, fuga, Ipervigilanza, Proteggersi "tend-and-befriend"*

esaltazione, mania

Asse del tono edonistico

Spiacevole

breve risposta d'allarme o iperattività, risposta difensiva, ritirarsi, sorriso disarmante

curiosità, vitalità, partecipazione, eccitazione, rispecchiamento

Piacevole

poca energia, passività, breve congelamento o ottundimento

rilassamento, calma, riposo, voglia di coccole

impotenza, sottomissione, congelamento prolungato, depressione anaclitica

stati di trance piacevoli, estremo sognare a occhi aperti, narcolessia

Passivo

*Fondersi con l'aggressore e cercare di anticiparne ogni desiderio. Questa risposta di sopravvivenza può venire attivata da una esperienza "senza via di scampo".

Stati di energia e reazioni corporee nella bussola autonoma

Attivo

Spiacevole

Passivo

Attivo

Piacevole

Passivo

Sincronizzazione nel dominio sensoriale: sensazioni corporee, rispecchiamento, risonanza e regolazione

Quello che accade nel livello autonomo è registrato da noi come *sensazione*, sia quando si verifica all'interno del nostro corpo sia quando si manifesta nel nostro ambiente. Questo tipo di sentire a livello di sensazione ci è necessario per sviluppare la nostra *capacità somatica d'interazione*, che include l'attenzione, il rispecchiamento, la risonanza, gli *impulsi* a cercare accudimento dagli altri, la soddisfazione dei nostri bisogni, e la capacità di trovare conforto in questo. Possiamo coltivare queste abilità, proprio come possiamo coltivare il nostro senso musicale, ma lo sviluppo di queste attitudini non dipende da una nostra *scelta*, perchè il rispecchiamento profondo e la sincronizzazione accadono al di sotto del nostro livello conscio. Tutto il contatto, il coinvolgimento e la fiducia di base si sviluppano negli strati più profondi delle interazioni sincronizzate. Se vogliamo aiutare altre persone a sviluppare questo livello, dobbiamo innanzitutto imparare noi a sentire e navigare in questi stati, prima di poter invitare gli altri a "unirsi alla musica".

Per esplorare il livello sensoriale autonomo, potete iniziare a verificare la vostra posizione nella bussola. Un modo per farlo è di considerare quali sono gli stati che vi sembrano familiari nei quadranti della bussola grande illustrata nella pagina precedente.

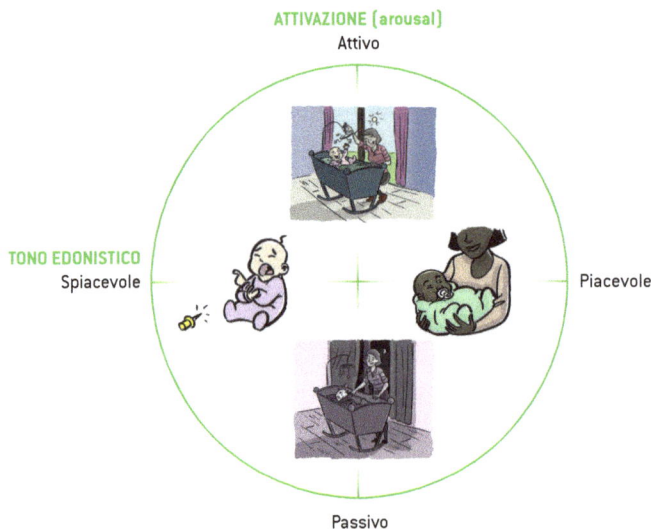

Un metodo più sistematico è quello di esaminare gli assi. Potreste scegliere una situazione e considerare quali funzioni sono presenti e se ne mancano altre. La situazione è più piacevole o spiacevole? Il vostro livello di energia è alto o basso? Come fate a dirlo – tramite quali sensazioni?

Il processo sensoriale autonomo:

Ecco alcune domande che possono aiutarvi nell'esplorazione della bussola autonoma:

1 La mia attivazione (livello di energia) era alta, bassa, o media?

2 Ho notato più piacere o disappunto? (tono edonistico, gradazione di piacevole/spiacevole)

3 In quale stato (quale quadrante) mi trovavo?

4 Riuscivo a sentire (livello sensoriale) l'altra persona? Ho sentito qualche rispecchiamento e risonanza?

5 Il mio viso si sentiva vivo, e rifletteva le mie "sensazioni viscerali"?

6 Ci sono cose particolari che tendo a fare quando mi sento in questo modo?

7 Se voglio cambiare questo stato, qual è la mia zona di sviluppo prossimale – un piccolo passo o cambiamento che potrei considerare?

CAPITOLO 5
Il vecchio cervello mammifero – il sistema limbico

Il vecchio cervello mammifero, il sistema limbico, è nato all'incirca 250 milioni di anni fa tra i primi mammiferi. Oggi possiamo vederne l'espressione nelle attività spontanee di gatti e cani. Il sistema limbico è composto da un insieme di strutture che sono avvolte attorno al cervello rettile. È in questo antico strato cerebrale mammifero che nascono le emozioni e gli scambi emozionali, ad esempio l'esperienza della "chimica" tra persone. È qui che si formano anche le nostre esperienze emozionali e le nostre abitudini d'interazione, che a loro volta creano le nostre aspettative rispetto alle interazioni e relazioni.

Fin dalla nascita, interiorizziamo le esperienze emozionali; prima con i genitori, poi con i compagni di gioco e successivamente con le persone che amiamo, i partner e i figli. Queste esperienze emozionali agiscono come una specie di fattore di attrazione inconscio, che ci guida verso i tipi di interazioni che ci sono familiari e a cui siamo abituati. Se il tipo d'interazione a cui siamo abituati è anche quello che desideriamo, allora le cose vanno bene. Ma, purtroppo, questo fattore di attrazione ci guida verso ciò che ci è abituale anche quando è qualcosa che non vogliamo o di cui non abbiamo bisogno. Fortunatamente, possiamo continuare ad apprendere nuovi schemi d'interazione e nuove abitudini per tutta la vita. Ecco alcune di queste abitudini d'interazione e aspettative più comuni:

Possiamo avere l'aspettativa gioiosa che i nostri bisogni saranno soddisfatti …

Ma potremmo anche diventare eccessivamente focalizzati sulla soddisfazione dei nostri bisogni personali e sul dimostrare la nostra eccellenza personale, perdendo completamente di vista i bisogni degli altri.

Potremmo anche sentire dolore, emotivamente o fisicamente, ed aspettarci un aiuto dagli altri…

… e stranamente, potremmo sentirci davvero molto male e desiderare profondamente un aiuto ma continuare a rifiutarlo, perché non riusciamo o non osiamo immaginare che qualcosa o qualcuno potrebbe forse farci sentire meglio …

Questi sono stati che potrebbero emergere quando la nostra attenzione è centrata su di noi. Altre esperienze si manifestano quando la nostra attenzione è centrata sugli altri.

Forse ci aspettiamo che l'altro sia felice di ricevere qualcosa da noi, o per l'aiuto che le offriamo.

Ma persino il desiderio di rendere felici gli altri può diventare eccessivo, se ci perdiamo in questo desiderio di aiutarli, compiacerli o gratificarli.

È importante notare se le altre persone sono arrabbiate o infelici in qualche aspetto dell'interazione con noi.

Tuttavia, questa sensibilità non dovrebbe trasformarsi nell'aspettativa che gli altri siano sempre arrabbiati con noi o pronti a prendersela con noi.

Maturazione del vecchio cervello limbico: l'area emozionale limbica

Noi sperimentiamo i processi nel sistema limbico sotto forma di *emozioni, stati d'animo, un senso di significato* e *aspettative* sulle interazioni con gli altri. Tutte queste esperienze, e persino la capacità stessa di provare emozioni, dipendono da quello che ha appreso l'area emozionale limbica, tramite le interazioni con i genitori e, in seguito, con le altre persone. Quest'area del cervello inizia a svilupparsi approssimativamente a tre mesi dalla nascita e diventa pienamente attiva verso gli 8-10 mesi. In questo periodo evolutivo, il bambino impara a coordinare le emozioni e le aspettative con gli adulti attorno a sè – un tipo di capacità di sintonizzazione che continueremo ad usare e sviluppare per il resto della vita. Anche in questo caso, dividiamo questo processo di sintonizzazione in tre fasi di maturazione.

Prima Fase: Attorno ai tre mesi di età, nel bambino si stabilisce una connessione neurale tra il viso e il nervo vago, che è coinvolto nella regolazione degli organi interni e nel creare un "sentire viscerale" delle nostre emozioni. Se anche il genitore esprime con il viso le diverse sfumature di emozioni riferite al suo sentire viscerale, allora il genitore e il bambino possono espandere la loro sincronizzazione autonoma e sintonizzarsi su un livello emozionale limbico.

Il bambino inizia a essere in grado di convogliare le *emozioni* interiori, come la gioia, la sorpresa, l'anticipazione, la rabbia, l'ansia, e la tristezza, attraverso le espressioni facciali. È importante che l'adulto riesca a sentire *con* il bambino, ma *non allo stesso modo* del bambino. In altre parole, il genitore dovrebbe empatizzare senza angosciarsi quando il bambino piange, o senza arrabbiarsi quando il bambino fa un capriccio.

Seconda Fase: Il bambino ha ora imparato a padroneggiare l'imitazione e la prevedibilita' e inizia ad annoiarsi. Ora, invece, la madre e il bambino iniziano un nuovo gioco divertente con il costruire aspettative piacevoli, eccitazione e sorpresa. Questo richiede che siano capaci di sintonizzarsi emozionalmente e che entrambi siano anche capaci di passare alternativamente tra l'essere al centro dell'attenzione e il focalizzarsi sull'altro. Iniziano anche a essere capaci di portare la loro *attenzione congiunta* all'esterno, verso cose o persone esterne a loro, e sviluppano abitudini emozionali e aspettative rispetto alle loro interazioni. Occasionalmente, capiterà che il genitore e il bambino perdano per un momento la loro comunicazione e sintonizzazione ma, dato che per qualunque neonato la mancanza di sintonizzazione è molto sgradevole, il genitore e il bambino agiranno velocemente per ripristinare la sincronizzazione. Questo è molto importante, perchè è proprio questa *riparazione* della mancanza di sintonizzazione l'elemento che crea fiducia nella relazione. Anche nelle relazioni tra adulti, la fiducia non dipende da interazioni perfette ma dalla capacità di ri-sintonizzarsi dopo la perdita di connessione.

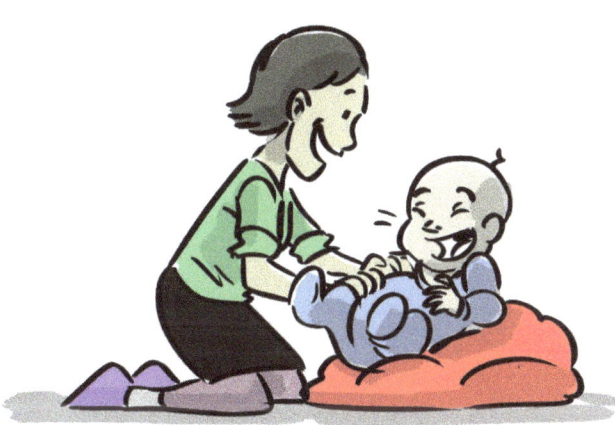

Sintonizzazione …

… e perdita di contatto.

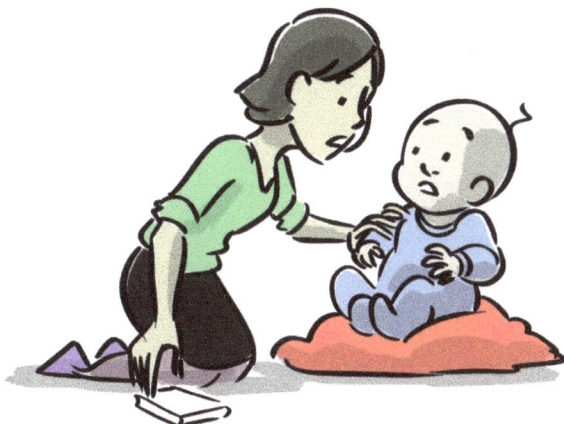

Ristabilire il contatto …

… e sintonizzarsi di nuovo.

Terza Fase: Il bambino ha sviluppato un ampio repertorio di abitudini d'interazione e ha trovato i modi di essere con i suoi genitori in molte situazioni diverse. Gradualmente, le esperienze del bambino formano una mappa mentale di contatto primario, uno schema di attaccamento che diventa molto più visibile quando il bambino ha tra i dodici e i diciotto mesi d'età. Questo schema diventa la base di tutte le nostre relazioni successive, per tutta la vita. Con il passare del tempo arriveremo a identificarci con le nostre abitudini d'interazione, quindi le percepiremo sempre meno come "qualcosa che io faccio con gli altri" e sempre più come "io sono fatto così" oppure "le cose stanno così". Le illustrazioni seguenti mostrano gli schemi di attaccamento principali e le interazioni su cui spesso si basano, iniziando dagli schemi di attaccamento insicuro e terminando con l'attaccamento sicuro.

Un bambino con un *attaccamento insicuro evitante* sperimenta che i genitori potrebbero supportare la sua esplorazione del mondo ma mostrare disappunto o insicurezza quando cerca un contatto intimo con loro. Di conseguenza, il bambino impara a prendersi cura di se stesso da solo.

Un bambino con un *attaccamento insicuro ambivalente* sperimenta che i genitori mostrano disappunto o insicurezza sia quando vuole esplorare il mondo esterno sia quando cerca un contatto intimo con loro. Di conseguenza, il bambino si abitua ad avere forti emozioni contraddittorie, ad esempio vuole essere coccolato, ma respinge il contatto, oppure vuole essere consolato, ma tutt'a un tratto picchia il genitore.

Un bambino con un *attaccamento insicuro dipendente* sperimenta che i genitori appaiono insicuri, mostrano paura quando va fuori nel mondo, mentre lo incoraggiano a ritornare da loro. Di conseguenza, il bambino sviluppa una disposizione ansiosa in cui si aggrappa agli altri per paura.

Un bambino con un *attaccamento insicuro disorganizzato* sperimenta i che genitori sono completamente imprevedibili, alternando momenti di mancanza di contatto, collera, ansia, gentilezza o disperazione. Di conseguenza, il bambino si abitua a controllare tutti i contatti e, quando non ci riesce, reagisce con le modalità di sopravvivenza del cervello rettile: lotta, fuga o congelamento.

Il bambino con un *attaccamento sicuro* sperimenta che i genitori lo supportano nella sua esplorazione del mondo e accolgono anche il suo desiderio di contatto intimo con loro. Di conseguenza, il bambino si abitua a sentirsi al sicuro sia quando fa cose per conto proprio sia quando è nel contatto intimo che desidera e di cui ha bisogno.

Navigazione e sviluppo con la bussola limbica

Durante tutto il processo di maturazione, il bambino ha vissuto innumerevoli esperienze emozionali attraverso il contatto. In base a queste esperienze, il bambino forma abitudini e aspettative rispetto a ciò che accade quando è in contatto con gli altri. Nei bambini più grandi e negli adulti, queste abitudini e aspettative si sono trasformate in una mappa, principalmente inconscia, che descrive come sono le relazioni.

I due assi della bussola emozionale limbica ci permettono di esaminare due aspetti chiave della nostra capacità di interazioni emozionali: la qualità emozionale sull'asse verticale, detta anche *valenza emozionale*, con i poli delle *emozioni positive* e delle *emozioni negative*, e il centro dell'attenzione o *centrismo* sull'asse orizzontale, con i poli dell'*egocentrismo* e dell'*altrocentrismo*. Questo crea i quattro quadranti esperienziali del dominio emozionale limbico. La focalizzazione potrebbe essere principalmente rivolta a *se stesso* o *all'altro*, e questa focalizzazione può portare a emozioni e aspettative principalmente *positive* o *negative*.

Assi della bussola emozionale limbica

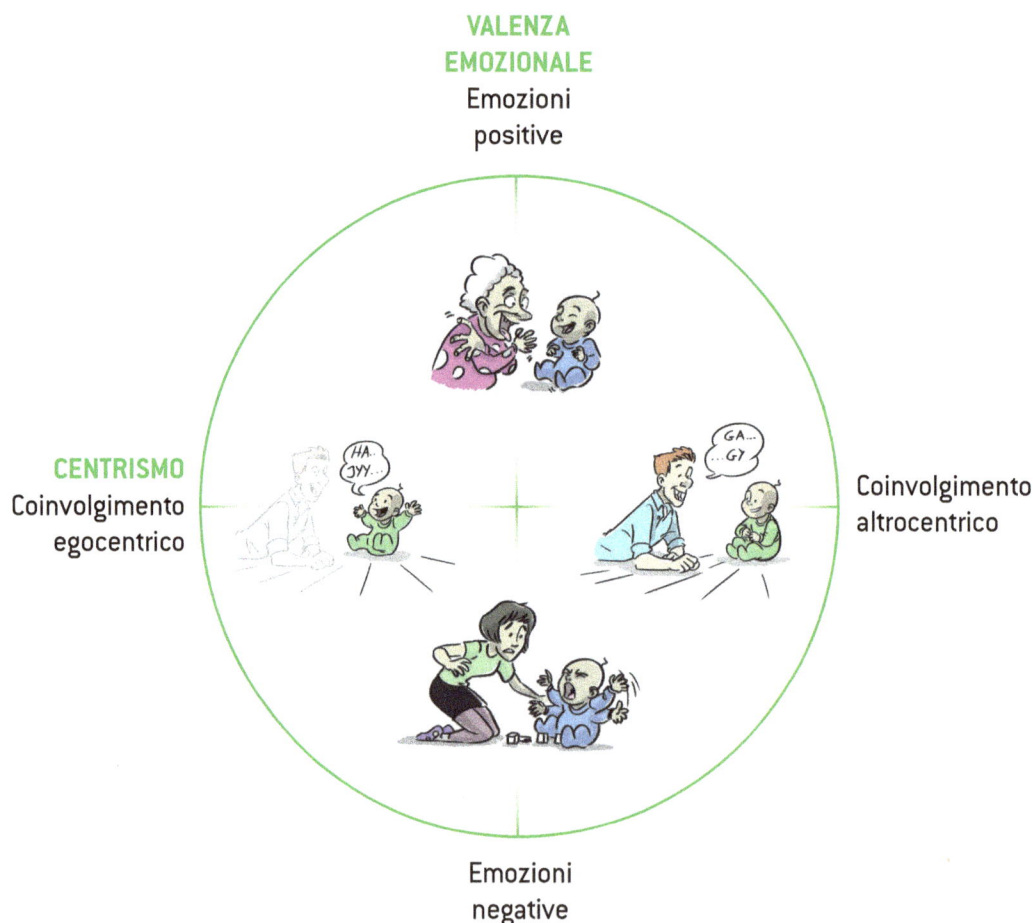

VALENZA EMOZIONALE
Emozioni positive

CENTRISMO
Coinvolgimento egocentrico

Coinvolgimento altrocentrico

Emozioni negative

L'esperienza positiva con i genitori e con gli altri crea le fondamenta di una visione interiore del mondo sicura, e di aspettative positive verso gli altri. Tuttavia, abbiamo bisogno di avere anche qualche esperienza e aspettativa negativa, per imparare ad affrontare le situazioni difficili senza essere sopraffatti da sorprese spiacevoli e emozioni negative.

Nella pagina seguente, il cerchio della bussola limbica illustra le comuni esperienze e aspettative d'interazione emozionali che la maggior parte delle persone può riconoscere come aspetti della propria vita quotidiana. Anche in questo caso, proprio come per il livello sensoriale autonomo, i conflitti, i traumi o la mancanza di stimoli potrebbero creare dei disturbi che disgregano la nostra capacità di raggiungere l'equilibrio negli stati normali. Inoltre, alcuni adulti e bambini potrebbero non aver sviluppato questi comuni schemi di risposta. Di conseguenza, potrebbero restare bloccati a lungo negli schemi di stress illustrati nei quattro angoli dell'immagine qui sotto. Ecco perché i bambini e anche gli adulti potrebbero aver bisogno di apprendere o recuperare gli stati sani contenuti dentro la bussola.

Ecco una descrizione verbale dei diversi schemi di risposta, mentre l'illustrazione nella pagina seguente presenta gli schemi principali sotto forma d'immagini.

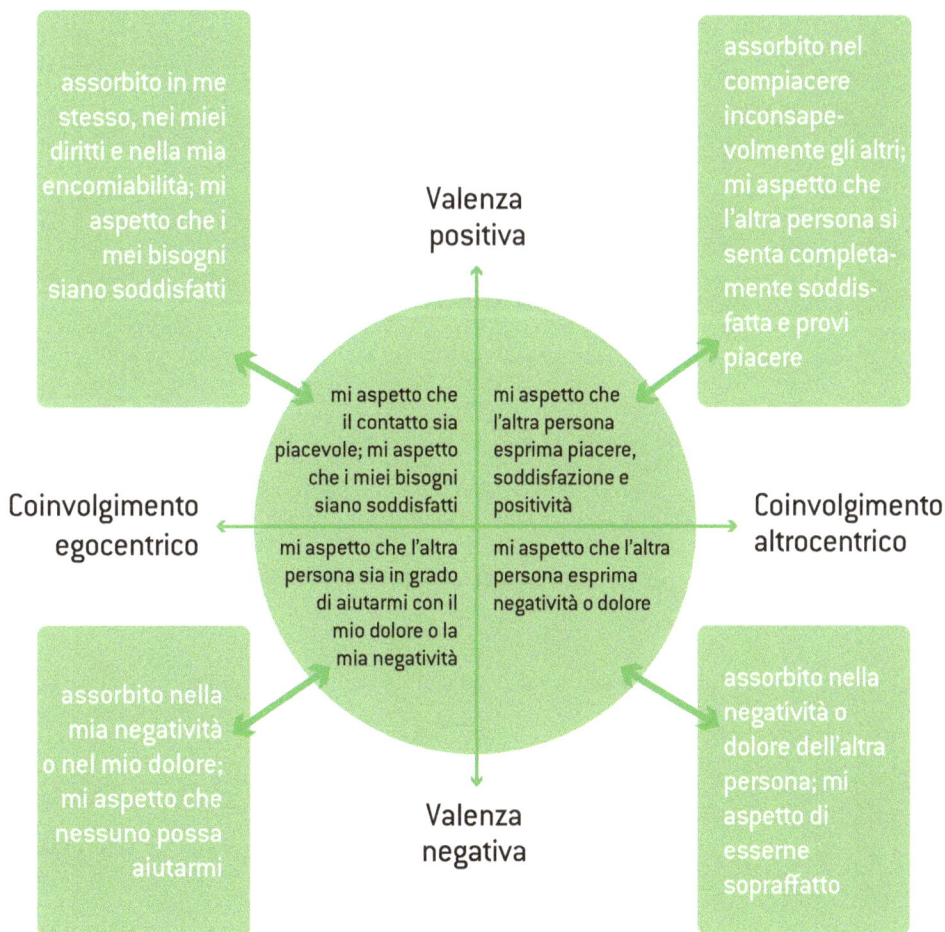

assorbito in me stesso, nei miei diritti e nella mia encomiabilità; mi aspetto che i mei bisogni siano soddisfatti

assorbito nel compiacere inconsapevolmente gli altri; mi aspetto che l'altra persona si senta completamente soddisfatta e provi piacere

Valenza positiva

mi aspetto che il contatto sia piacevole; mi aspetto che i miei bisogni siano soddisfatti

mi aspetto che l'altra persona esprima piacere, soddisfazione e positività

Coinvolgimento egocentrico

Coinvolgimento altrocentrico

mi aspetto che l'altra persona sia in grado di aiutarmi con il mio dolore o la mia negatività

mi aspetto che l'altra persona esprima negatività o dolore

assorbito nella mia negatività o nel mio dolore; mi aspetto che nessuno possa aiutarmi

assorbito nella negatività o dolore dell'altra persona; mi aspetto di esserne sopraffatto

Valenza negativa

Esperienze emozionali e aspettative nella bussola limbica

Valenza positiva

Coinvolgimento egocentrico

Valenza negativa

Valenza
positiva

Coinvolgimento altrocentrico

Valenza
negativa

Sintonizzazione nel dominio emozionale: "chimica" interpersonale e abitudini d'interazione

I sentimenti e le emozioni giocano un ruolo chiave nella nostra capacità di *formare attaccamenti con gli altri*, prendere decisioni, e sviluppare un senso del significato della vita. Proprio come abbiamo già visto per le sensazioni autonome, non possiamo controllare nemmeno le nostre emozioni, perché si formano nel nostro subconscio. Man mano impariamo a riconoscere le nostre emozioni, possiamo esplorare quali fattori le equilibrano o intensificano e apprendere quali tipi di contatto e sintonizzazione ci aiutano a sviluppare un repertorio emozionale più equilibrato e maturo. Anche in questo caso, proprio come per il livello sensoriale autonomo, abbiano bisogno di familiarizzare con le nostre abitudini ed espressioni emozionali limbiche prima di poter aiutare gli altri ad esplorare o sviluppare le loro.

Potete iniziare l'esplorazione del vostro livello emozionale limbico esaminando in quali parti della bussola vi ritrovate maggiormente. Potete ad esempio considerare quali stati vi sono familiari nei singoli domini della bussola.

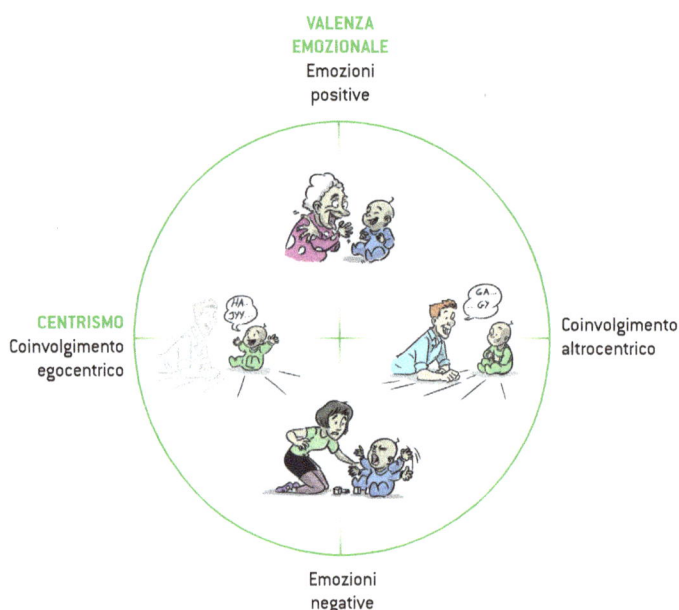

Per un approccio più sistematico, potete esaminare gli assi uno per uno. Ad esempio, potreste esaminare una particolare situazione e considerare quali funzioni limbiche erano presenti, e se mancava qualche particolare funzione. Eravate più coinvolti dai vostri bisogni personali o da quelli dell'altra persona? L'emozione o lo stato d'animo era positivo o negativo? Quale emozione era? In quale modo siete riusciti a vederla, udirla o sentirla?

Il processo emozionale limbico:

Ecco alcune domande per una riflessione che vi aiuti a esplorare la bussola emozionale limbica:

1. Quali emozioni ho notato nel mio contatto emozionale? (valenza emozionale)

2. Ero più focalizzato su me stesso o sull'altra persona – o eravamo entrambi focalizzati su una situazione o una terza persona? (centrismo)

3. Come era la 'musica' interpersonale?

4. Come era la nostra sintonizzazione reciproca?

5. Ci sono stati momenti in cui è mancata la sintonizzazione e, in tal caso, sento che siamo riusciti a riparare questa mancanza di sintonizzazione?

6. Queste esperienze sono in relazione con miei particolari comportamenti o ruoli abituali che mi sono familiari?

7. Se volessi cambiare questo stato, quale sarebbe la mia area di sviluppo prossimale – qualche piccolo passo o cambiamento che potrei considerare?

CAPITOLO 6
Il cervello dei primati e la corteccia prefrontale

Il cervello dei nuovi mammiferi o dei primati è formato dalla corteccia (strato esterno). Noi ci focalizzeremo sulla *corteccia prefrontale*, una delle aree del cervello che si sono sviluppate più recentemente, e che è situata proprio dietro la fronte. La corteccia prefrontale è la sede principale del pensiero razionale, dell'immaginazione, della riflessione e della pianificazione. Queste abilità sono essenziali per la nostra auto-consapevolezza, la nostra percezione del contesto, e la nostra capacità di collaborare, coinvolgerci in comunità e gruppi di lavoro complessi, e comprendere noi stessi e gli altri. Sembra che queste sofisticate abilità sociali e della personalità si siano evolute durante gli ultimi 4-5 milioni di anni e si stiano ancora evolvendo.

Nella visione neuroaffettiva dello sviluppo della personalità, la focalizzazione è su un particolare tipo di processi di pensiero detto *mentalizzazione* che utilizziamo per comprendere noi stessi e gli altri. Di conseguenza, descriviamo la corteccia prefrontale come l'area della mentalizzazione razionale. La nostra capacità di mentalizzare matura per fasi. Il livello più basilare ci consente di accedere all'esperienza interna del legame che ci unisce alle persone importanti della nostra vita, quando non siamo con loro. La nostra consapevolezza dell'importanza delle altre persone e il nostro desiderio di essere sintonizzati con loro è fondamentale per sviluppare in modo naturale l'auto-controllo e la capacità di gestire i nostri bisogni. Tutta l'integrazione sociale dipende dalla nostra capacità di astenerci a volte dal fare certe cose anche se le vorremmo davvero fare e, al contrario, convincerci a fare certe cose che davvero *non* vorremmo fare. Dobbiamo anche imparare a definire quali sono i bisogni e le urgenze che ci sembra importante perseguire nelle nostre interazioni. Man mano apprendiamo livelli di auto-controllo sempre più raffinati, possiamo sviluppare livelli sempre più maturi di mentalizzazione prefrontale e iniziare a "vedere noi stessi dall'esterno", fare test di realtà sulle nostre scelte e sulla nostra visione del mondo, e riflettere su come tutto questo modella la nostra esperienza. Nelle pagine seguenti, esamineremo le esperienze più importanti di mentalizzazione prefrontale e le fasi evolutive ad esse associate.

Impariamo a inibire i nostri impulsi incontrando un "NO, non così!" da una voce interiore dentro di noi – o nella sua forma più precoce, da un'altra persona.

Tuttavia, possiamo diventare fin troppo bravi a inibire i nostri impulsi, trovandoci ad essere costantemente oppressi e castigati da un giudice interiore duro e punitivo.

Tramite la nostra educazione, dobbiamo anche imparare a usare la forza di volontà per fare cose che non ci va di fare.

Tuttavia, anche questo può diventare eccessivo, come quando uno schiavista interiore ci spinge a lavorare sempre di più, e più duramente.

È interagendo con gli altri che impariamo a vedere le situazioni dalla prospettiva dell'altra persona …

… ed è così che spesso ci viene voglia di aiutare o incoraggiare gli altri che ne hanno bisogno …

… e ci permette di prevedere la probabile reazione dell'altra persona …

… consentendoci di scegliere una strategia più efficace basata sulle nostre comprensioni.

Durante la nostra infanzia, impariamo anche a usare il linguaggio verbale per descrivere la nostra realtà esterna e interna. Il linguaggio ci permette di formare immagini mentali e storie sul nostro passato, sul nostro presente e sulle nostre visioni del futuro, e ci permette di raccontare agli altri la nostra vita e i nostri interessi.

Le nostre immagini e storie diventano una parte importante del nostro senso d'identità ...

... ecco perché è importante che le sottoponiamo a un test di realtà.

Quando entriamo in con-
flitto con qualcuno ...

... possiamo usare le
nostre abilità di mentalizzazione per inibire i nostri
impulsi difensivi ...

... e ascoltare invece il
punto di vista dell'altra
persona.

Questo ci permette di vedere una situazione da più punti di vista, e di goderci la scoperta di nuove comprensioni invece di litigare.

Sfortunatamente, possiamo anche usare il linguaggio e la riflessione per perderci in razionalizzazioni senza fine sul perchè non facciamo quello che ci piace, fino al punto di perdere la connessione interiore con i nostri sentimenti, soprattutto con il nostro senso di gioia …

… oppure potremmo perderci in altrettanto infinite giustificazioni razionali sul fatto di iniziare sempre qualcosa d'altro, una qualche altra attività più buona, più salutare o più sensibile, perdendo il contatto con le nostre qualità più morbide e la connessione empatica con gli altri.

Tuttavia, quando ci coinvolgiamo in un'attitudine aperta e riflessiva, e i nostri tanti pensieri e le nostre tante parole si calmano, possiamo finalmente scoprire quella presenza interiore vigile, silenziosa e tenera, detta anche mindfulness.

Maturazione del cervello dei primati: l'area prefrontale della mentalizzazione

Percepiamo i processi nella corteccia prefrontale sotto forma di *pensieri, controllo degli impulsi, decisioni, auto-immagini, visioni del mondo, riflessioni* e stati di *mindfulness*. Inoltre, fin dalla nostra prima infanzia e per tutta la vita, continuiamo a sperimentare che siamo sia esseri interconnessi che esseri indipendenti, e in questo modo possiamo sviluppare le nostre capacità di *empatia* e *compassione*. Alcuni di questi processi mentali sono sperimentati attraverso il linguaggio, mentre altri si manifestano come immagini mentali, emozioni o conoscenza corporea implicita. Il normale sviluppo di questi processi mentali dipende dalle interazioni del bambino con entrambi i genitori, gli altri adulti e i bambini. A volte la corteccia prefrontale è anche detta "l'organo della civilizzazione". La sua capacità di socializzazione e controllo intenzionale inizia a emergere all'età di 10-12 mesi circa, continuando a maturare per più di 20 anni. Per offrire una breve descrizione di questo processo, esaminiamo di nuovo le tre fasi principali dello sviluppo dell'auto-controllo e della mentalizzazione.

Prima Fase: Approssimativamente all'età di nove mesi, la corteccia prefrontale inizia a connettersi con gli impulsi limbici e autonomi, consentendo gradualmente al bambino di regolare i propri desideri e mostrare interesse nei confronti degli altri. Contemporaneamente il bambino inizia ad avere alcune semplici e specifiche *immagini mentali* di se stesso e degli altri.

In questa fase, il bambino diventa capace di trattenere il suo impulso se i genitori gli dicono "No, non farlo!"

... sebbene molto spesso questo susciti nel bambino sentimenti di vergogna, rabbia o sconfitta ...

... ecco perchè il bambino ha bisogno di essere consolato, e poi essere guidato a fare qualcos'altro che sa fare bene, in modo da poter ricevere apprezzamento e sentirsi orgoglioso di se stesso.

Seconda Fase: Approssimativamente all'età di 3 o 4 anni, il bambino inizia ad usare veramente il linguaggio e sviluppa una ricca vita interiore, in cui sensazioni, emozioni e pensieri sono interconnessi. In questa fase, il bambino comprende che altri bambini e adulti potrebbero sperimentare le situazioni in modo diverso dal suo. Questa comprensione crea interesse e premura verso gli altri, ma può essere usata per scherzare e prendersi gioco degli altri, ad esempio sostituendo i fiammiferi di una scatola di fiammiferi con dei sassolini. Il bambino inizia anche a creare storie sulla vita quotidiana che lo aiutano a sviluppare il suo senso di sé.

Il bambino potrebbe essere assolutamente convinto di detestare una nuova attività …

… ma con l'aiuto amorevole dei genitori potrebbe provare comunque questa nuova attività e alla fine scoprire che è un vero sballo.

Questa sensazione di gioia e soddisfazione potrebbe portare il bambino a percepirsi come un campione mondiale di questa passione appena scoperta…

... e avrà bisogno dell'aiuto dei suoi genitori per distinguere la fantasia dalla realtà e convalidare e apprezzare l'esperienza effettiva.

Terza Fase: Approssimativamente all'età di 7 o 8 anni, il bambino inizia a fare una distinzione tra l'immagine idealizzata che ha di se stesso e la sua reale identità. Sviluppa anche una capacità di attenzione e concentrazione stabile che gli permette di apprendere in modo formalizzato. Durante tutti gli anni della scuola e dell'adolescenza, continua a sviluppare la sua capacità di confrontare le proprie idee con la realtà (test di realtà) e di usare la propria forza di volontà per focalizzarsi, portare a termine i propri impegni e pianificare i propri progetti. In questa fase, anche la sua visione del mondo si espande gradualmente per includere sia la propria comunità sia il resto del mondo. Sviluppa la capacità di vedere una situazione da molte prospettive differenti, e inizia a vedere in modi nuovi le proprie percezioni delle situazioni e quelle delle altre persone. Questo a sua volta migliora la sua comprensione del come mai alcuni scambi tra persone si trasformano in eventi gioiosi e amichevoli mentre altri finiscono per essere pieni di bisticci e ostilità.

L'adolescente impara gradualmente a utilizzare obiettivi a lungo termine per gestire i propri impulsi e bisogni, ad esempio risparmiando soldi per una vacanza ...

... o concentrandosi sullo studio per ottenere buoni voti e avere la possibilità di essere ammesso al programma scolastico che gli sta a cuore.

Navigazione e sviluppo con la bussola prefrontale

Per tutta la nostra infanzia e giovinezza, sviluppiamo le abilità che ci permettono un'auto-regolazione volontaria: soppesiamo i nostri bisogni rispetto a quelli degli altri, usiamo la nostra forza di volontà per controllare i nostri bisogni e impulsi, ci adattiamo ai principi morali, le regole e le norme fondamentali, e riflettiamo sulle emozioni e azioni sia nostre sia degli altri. Tutte queste abilità sono essenziali per sviluppare relazioni mature e comunità civilizzate con i nostri vicini più stretti, con i compagni di scuola, con i colleghi di lavoro e con tutti i nostri compagni esseri umani, in un contesto globale. Le abilità prefrontali si sviluppano nelle interazioni con le altre persone e continuano a svilupparsi per tutta la vita.

La capacità di controllare i nostri bisogni e impulsi e la capacità di mentalizzare formano i due assi della bussola prefrontale: la *mentalizzazione*, con i poli rappresentati dalla *bassa* e *alta capacità riflessiva*, e il *controllo degli impulsi*, con i poli rappresentati *dall'inibizione degli impulsi* e l'*attivazione degli impulsi*. In questo modo, nella bussola prefrontale si creano quattro quadranti esperienziali, dentro i quali possiamo considerare e decidere cosa fare o non fare, basandoci su regole morali automatizzate oppure su riflessioni e considerazioni su quello che è meglio per noi stessi e per gli altri. Sebbene possa sembrare che le riflessioni siano superiori alle risposte automatizzate, nella maggior parte delle situazioni, un "pilota automatico" efficace è altrettanto importante di una riflessione.

Assi della bussola prefrontale

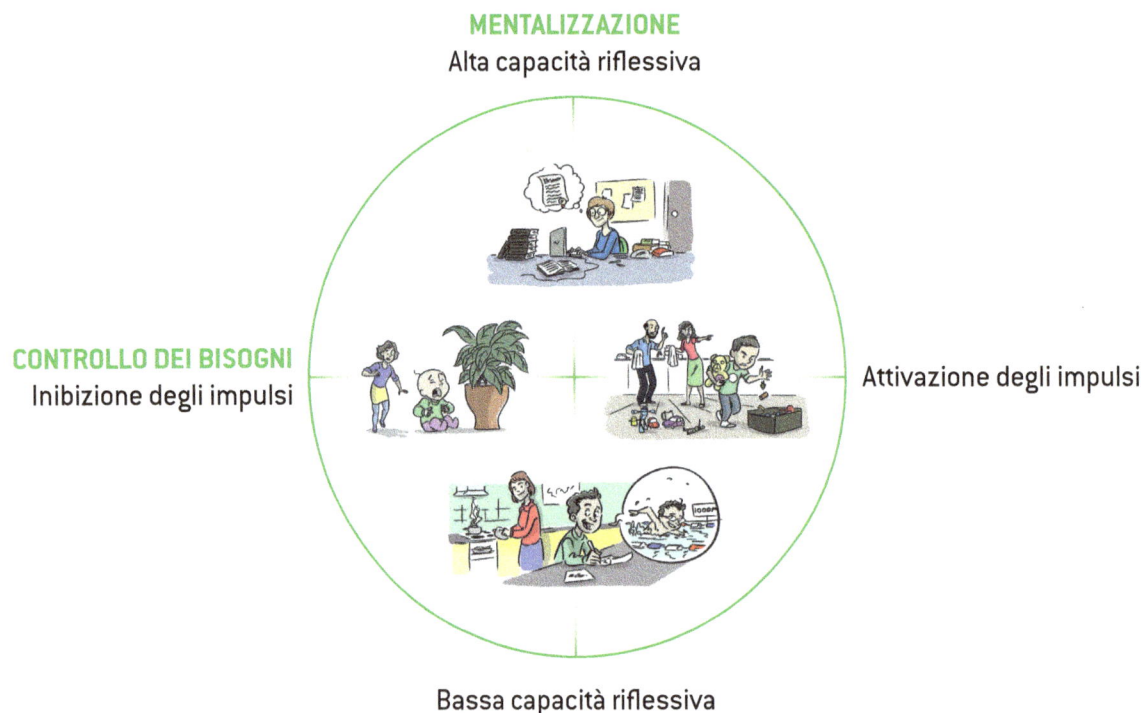

MENTALIZZAZIONE
Alta capacità riflessiva

CONTROLLO DEI BISOGNI
Inibizione degli impulsi

Attivazione degli impulsi

Bassa capacità riflessiva

Ecco una descrizione verbale degli schemi di risposta, mentre le illustrazioni nella pagina seguente presentano gli stessi schemi sotto forma d'immagini.

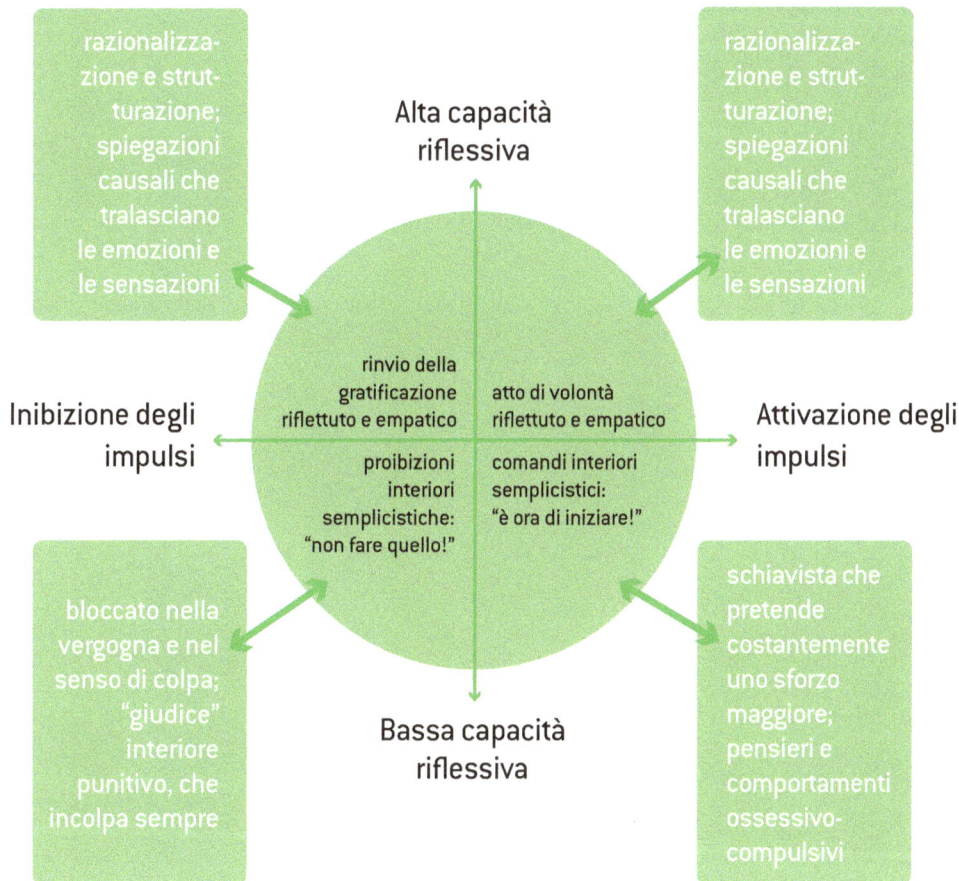

La bussola nella pagina seguente descrive le esperienze prefrontali principali di regolazione volontaria – le esperienze sane all'interno della bussola e le risposte di stress negli angoli. Il cerchio della bussola prefrontale illustra le comuni forme di regolazione che la maggior parte delle persone riconoscono nella propria vita quotidiana. Proprio come per i livelli precedenti, anche in questo caso i conflitti, i traumi o la mancanza di stimoli possono creare disturbi che disgregano la nostra capacità di trovare un equilibrio negli stati normali. Inoltre, alcuni adulti e bambini potrebbero non aver sviluppato questi comuni schemi di risposta. Di conseguenza, potrebbero restare bloccati a lungo negli schemi di stress illustrati nei quattro angoli dell'immagine seguente. Ecco perché i bambini e anche gli adulti potrebbero aver bisogno di apprendere o recuperare gli stati sani contenuti dentro la bussola.

*Processi mentali
nella bussola
prefrontale*

Alta capacità
riflessiva

Inibizione degli impulsi

Bassa capacità
riflessiva

Alta capacità
riflessiva

Attivazione degli impulsi

Bassa capacità
riflessiva

Dialogo nel dominio della mentalizzazione: immagine di sé, percezione degli altri e riflessione

È importante avere una serie di supposizioni e giudizi automatici che si accordano con il nostro contesto sociale e la nostra cultura, perchè questo ci dà un senso di appartenenza e facilita la nostra convivenza con gli altri. Anche se nel corso della giornata abbiamo tanti pensieri consci, spesso questi pensieri non sono mentalizzati. Al contrario, si formano sulla base delle nostre supposizioni tacite e principalmente inconsce. La mentalizzazione prefrontale coinvolge il pensare alle nostre supposizioni su noi stessi e sugli altri.

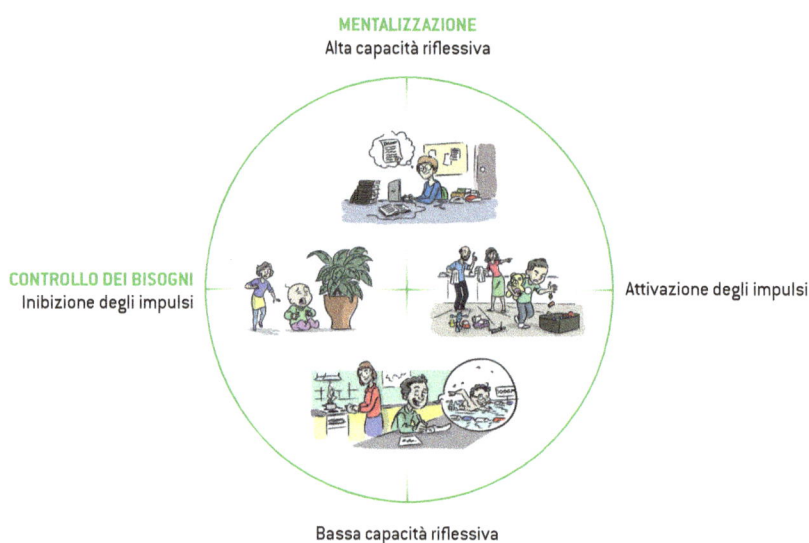

MENTALIZZAZIONE
Alta capacità riflessiva

CONTROLLO DEI BISOGNI
Inibizione degli impulsi

Attivazione degli impulsi

Bassa capacità riflessiva

Impariamo sia le nostre "regole di base" interiorizzate che le nostre riflessioni attraverso il dialogo con gli altri, e continuiamo a svilupparle e approfondirle nei successivi dialoghi interiori con noi stessi. Proprio come per i livelli precedenti, dobbiamo esplorare i nostri schemi di riflessione e regolazione volontaria prima di cercare di aiutare gli altri a lavorare con i propri schemi. Se volete esaminare il livello prefrontale in voi stessi, potete prendere in considerazione una situazione specifica o un'impressione generale, proprio come avete fatto per il livello autonomo e limbico.

Il processo di mentalizzazione prefrontale:

Per esaminare il vostro processo di mentalizzazione, potete riflettere su dove vi ritrovate maggiormente nel modello della bussola grande illustrato nelle pagine precedenti. Potete anche utilizzare un approccio più sistematico lavorando con gli assi della bussola più piccola della pagina accanto o riflettere sulle domande qui sotto:

1. Quanto bene sono riuscito ad inibire impulsi inappropriati e completare compiti o faccende necessarie ma forse spiacevoli o non interessanti? (controllo degli impulsi)

2. Il controllo dei miei bisogni è stato gestito dal mio giudice interiore o tramite una riflessione empatica?

3. Le mie immagini mentali e le mie narrative interiori sono semplici o complesse? (mentalizzazione)

4. Ho fatto una verifica delle mie idee nella realtà? (mentalizzazione)

5. Riesco a vedere le situazioni anche dalla prospettiva di un'altra persona? (mentalizzazione)

6. Ho scoperto qualcosa di nuovo? (mentalizzazione)

7. Se voglio cambiare questo stato, qual è la mia area di sviluppo prossimale – qualche piccolo passo o cambiamento che potrei esplorare?

Conclusione

Basandoci sulle bussole neuroaffettive, abbiamo ora esplorato la prima onda dello sviluppo della personalità a livello neuroaffettivo, e abbiamo dato anche una breve occhiata allo sviluppo della mentalizzazione nella seconda onda evolutiva. La prima onda di sviluppo inizia durante gli ultimi mesi nell'utero e termina approssimativamente all'età di 2 anni. La seconda onda inizia approssimativamente all'età di 2 anni e dura fino a poco più dei vent'anni, mentre la terza onda di sviluppo rimane per il resto della vita.

Prima onda Seconda onda Terza onda

Siamo ora arrivati alla fine del viaggio. È stato gratificante ed entusiasmante per me descrivere questa teoria dello sviluppo di base della personalità utilizzando sia parole sia immagini, e spero che anche voi si siate divertiti e abbiate potuto espandere le vostre prospettive neuroaffettive, a livello verbale e non verbale.

Risorse

Questo libro si è focalizzato sulle immagini, non sui riferimenti. Se siete interessati ad avere maggiori informazioni sulla teoria e la ricerca che hanno permesso la creazione di questa mappa dello sviluppo neuroaffettivo e delle bussole neuroaffettive, potete consultare i seguenti libri scritti da Susan Hart e Marianne Bentzen.

Sullo sviluppo neuroaffettivo:
Hart, Susan. (2008). Brain, Attachment, Personality: an introduction to neuroaffective development. London: Karnac Books (in italiano: "Cervello, Attaccamento, Personalità – Lo sviluppo neuroaffettivo" – Astrolabio Ubaldini Edizioni, Luglio 2011)
Hart, Susan. (2010). The impact of attachment. New York: Norton & Co.

Uno sguardo ai fattori effettivi in comune tra la psicoterapia infantile e la teoria neuroaffettiva e le bussole:
Bentzen, Marianne & Hart, Susan (2015). Windows of opportunity – a neuroaffective approach to child psychotherapy, London: Karnac Books.

Per ulteriori informazioni sull'autrice e il suo lavoro e per scaricare gratuitamente in .pdf un poster delle bussole neuroaffettive, consultare
www.mariannebentzen.com